Detektivgeschichten
mit Pepe und Max

Der erste Fall

Mit Geheimschrift
FOLIE

Anni Mohn &
Martina Burghart-Vollhardt

compact

Baierbrunner Straße 27, 81379 München
Ausgabe 2018

Text: Anni Mohn
Illustrationen: Martina Burghart-Vollhardt
Redaktion: Jenny Bux
Korrektur: Dr. Birgit Ebbert
Produktion: Ute Hausleiter
Titelabbildung: Martina Burghart-Vollhardt
Gestaltung: Roman Bold & Black, Köln
Umschlaggestaltung: Enrico Albisetti

ISBN 978-3-8174-1832-9
381741832/1

www.compactverlag.de

Pepes erster Fall

Pepe lernt jetzt lesen und schreiben.
Das ist gut! Endlich kann Pepe nämlich
Detektiv werden.

Detektive müssen sich viel aufschreiben.
Autonummern zum Beispiel.
Oder Namen von verdächtigen Personen.

Nach der Schule geht Pepe oft in den Hort. Dort ist es lustig. Doch heute gibt es kurz vor dem Abholen lautes Geschrei.

„Meine Puppe Wendy wurde gestohlen!“, brüllt Lea.
Das glaubt Frau Babbel nicht.
Frau Babbel ist die Erzieherin der Gruppe.

„Ich bin mir ganz sicher“, sagt Lea.
Die ganze Gruppe hilft Lea
beim Suchen.
Am Ende kramen die Kinder sogar
gemeinsam in allen Taschen.

Aber Wendy bleibt verschwunden.
„Wie sah die Puppe genau aus?“,
fragt Pepe.
„Was geht dich das denn an?“,
fragt Lea und verschränkt die Arme.

Aber ihre Freundin Maya sagt zu Pepe: „Sie hat braune Haare und braune Augen. Sie trägt ein gelbes Kleid. Ihre Schuhe sind rot und sie heißt Wanda.“

Stimmt das?
Wie heißt Leas Puppe?

„Blödsinn“, sagt Lea.
„Sie heißt Wendy.“
Pepe holt sich ein Blatt Papier
und einen Stift. Er setzt sich
an einen Tisch und malt.

„Sieht sie so aus?“, fragt er Lea.
Er zeigt ihr seine Zeichnung.
„Fast“, antwortet Lea.

Was stimmt nicht an der Zeichnung?

„Du hast ihr gelbe Schuhe gemalt.
Sie trägt aber rote Schuhe“, sagt Maya.
„Na ja“, sagt Pepe ein wenig beleidigt.
„Ist doch nicht so wichtig.“

„Stimmt“, sagt Lea. „Sie ist für immer verschwunden. Meine Mama kauft mir jetzt sicher eine neue.“

Die Ermittlungen beginnen

Nachdenklich geht Pepe nach Hause.
Wer stiehlt denn eine Puppe?
Pepe kann mit Puppen nicht viel anfangen.

Da hat Pepe eine Idee.
Es muss ein Mädchen gewesen sein!
Wer sonst würde Puppen klauen?

Pepe bleibt stehen und kratzt sich
am Kopf.
Es gibt so viele Mädchen im Hort.
Welches wird es wohl gewesen sein?

Da fällt ihm etwas ein.
Ein Mädchen wusste alles
über die Puppe!
Das ist doch sehr verdächtig.

Welches Mädchen wusste
alles über die Puppe?

Maya!

Maya wohnt nur eine Straße weiter
mit ihrem Zwillingsbruder Max.
Max geht mit Pepe in die
selbe Klasse.

Pepe hat ein bisschen Angst vor Max.
Er hat einmal Pepes Hausschuhe
in der Schule versteckt.
Sehr gemein!

Der erste Verdächtige

Pepe klingelt bei Maya und Max.
Die Mutter öffnet die Tür.
„Maya und Max sind oben“, sagt sie.

Pepe geht die Treppe hinauf.
Die Tür zu Max’ Zimmer steht offen.
Pepe bleibt wie angewurzelt stehen.

Was hat Pepe entdeckt?

Auf dem Bett liegt [redacted]!
Sie trägt ein gelbes Kleid
und rote Schuhe.
Ihre Haare sind braun.

Ist das etwa Wendy?
Pepe rennt zum Bett.
„He!“, ruft Max.

„Hast du Wendy geklaut?“,
fragt Pepe Max.
Es war also doch kein Mädchen!
„Was für eine Wendy?“, fragt Max.

Pepe hebt die Puppe hoch.
Ihre Augen öffnen sich.
Nein, es ist nicht Wendy.

Warum ist es nicht Wendy?

Die Puppe hat [redacted].
Wendy hat [redacted].
So was Blödes.

„Ist das deine Puppe?“,
will Pepe wissen.
„Und wenn es so ist?“, fragt Max.
„Ärgerst du mich dann in der Schule?“

„Nein“, sagt Pepe verwundert.
„Ist doch völlig egal!“
„Was willst du eigentlich hier?“,
fragt Max.
Pepe erzählt ihm alles über
den Diebstahl von Wendy.

Max denkt nach.
„Maya war es nicht. Ihr habt doch alle Taschen durchsucht. Aber in eurer Gruppe gehen ja manchmal zwei Mädchen früher.“

Das stimmt. Marie und Jule gehen immer mit Tim zum Fußball. Sie waren bei der Suche nach Wendy nicht mehr dabei.

Pepe ist begeistert. Eine neue Spur!
Max zieht Pepe zur Tür.

Eine heiße Spur

„Vielleicht ist das Training noch nicht vorbei“, sagt Max.
Die zwei Detektive laufen schnell zum Fußballplatz.

Gerade packen die Jungen und
Mädchen ihre Sachen ein.
„Da!“, ruft Max.

Was hat Max entdeckt?

In einem Rucksack steckt eine Puppe!
Der Rucksack gehört Jule.

Pepe und Max stellen
sich Jule in den Weg.
„Du hast Wendy geklaut“,
sagt Pepe.

„Ich habe Wendy nicht geklaut!“, ruft Jule empört. „Ich habe sie nur mitgenommen!“

„Also geklaut“, stellt Pepe fest. „Nein!“, schreit Jule. „Ich habe sie im Mülleimer gefunden!“

Pepe und Max schauen sich überrascht an.
Wendy war im Mülleimer?
„Sie lag unter einem Berg von Papier“, erklärt Jule.

„Du musst sie Lea zurückbringen“, bestimmt Pepe. „Vielleicht wollte jemand sie ärgern.“

„Das glaube ich auch. Lea ist echt doof“, sagt Max. Kurz darauf stehen sie vor Leas Tür und klingeln.

Zwei tolle Detektive

„Hier ist deine Puppe“, sagt Jule.
Sie streckt Lea die Puppe entgegen.
„Ich habe sie gefunden.“

„Toll“, sagt Leas Mutter. „Danke!“
Aber Lea zischt wütend: „Jule!
Warum wühlst du denn im Müll herum?“

Pepe starrt Lea mit offenem Mund an. „Du hast sie selbst in den Müll getan, oder?“

Wie kommt Pepe darauf?

„Woher weiß Lea das mit dem Mülleimer?“, fragt Pepe stolz.

„Das hat Jule gar nicht erzählt.“

„Warum hast du das getan?“, fragt Leas Mama sie wütend. „Ich wollte einfach eine neue Puppe haben“, sagt Lea. „Und geklaut ist besser als verloren, oder?“

„Zum Geburtstag hättest du eine neue Puppe bekommen“, sagt Leas Mama. „Aber das kannst du jetzt vergessen.“

„Ist mir egal“, sagt Lea.
„Ich habe Wendy ganz schön vermisst.“

„Du bist echt ein guter Detektiv“,
sagt Max zu Pepe auf dem Heimweg.
„Du aber auch“, sagt Pepe. „Freunde?“
„Für immer“, antwortet Max und streckt
seine Hand aus.